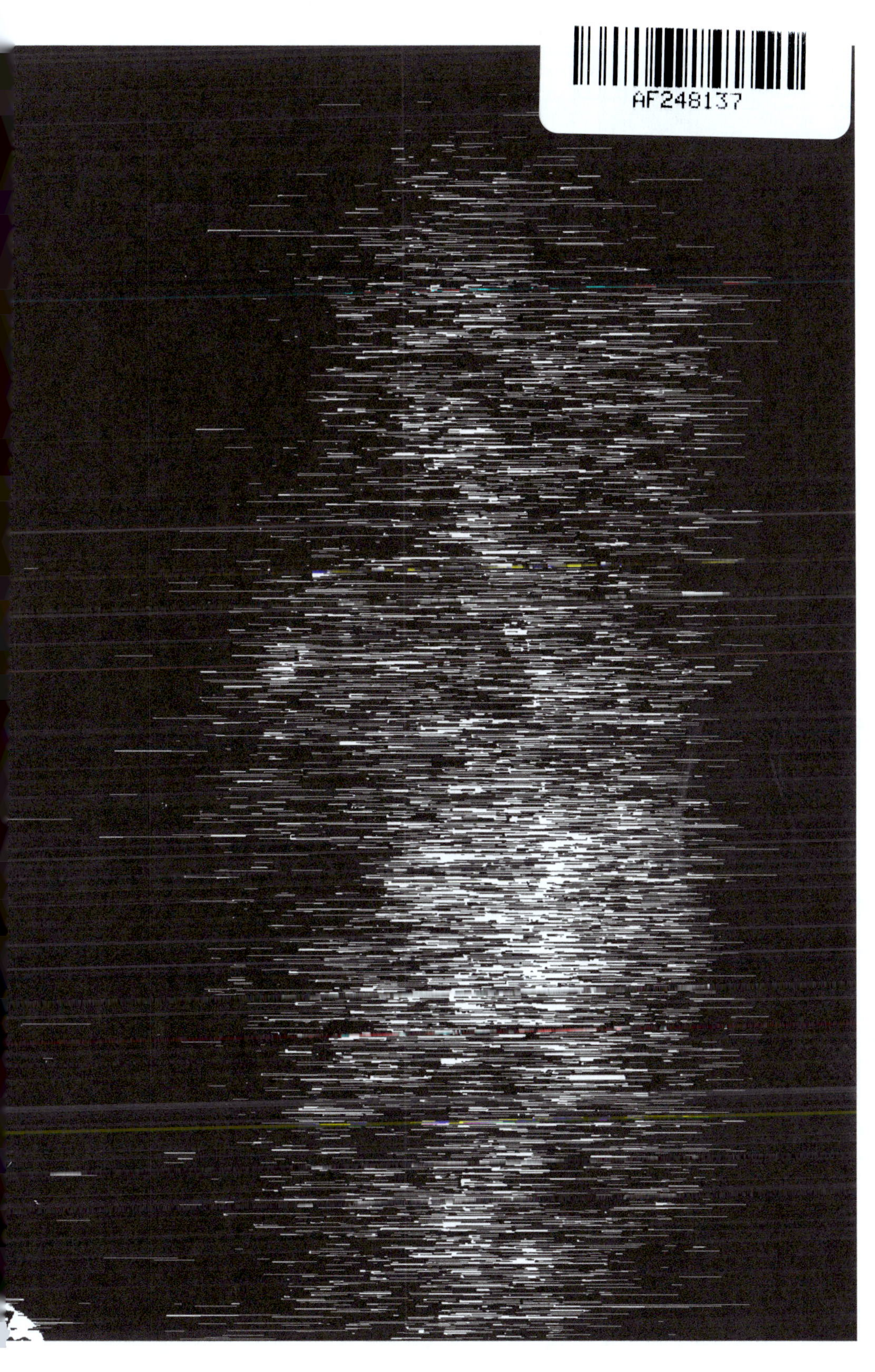

ÉTUDES BIOGRAPHIQUES.

ANTOINE SÉGUIER,

PAR

A. SURMONT,

AVOCAT A LA COUR IMPÉRIALE DE PARIS.

PARIS,

IMPRIMERIE VICTOR GOUPY, RUE GARANCIÈRE, 5,

Derrière Saint-Sulpice.

1868.

CONFÉRENCE DES ATTACHÉS.

Séance du 18 mai 1868.

PRÉSIDENCE DE M. BRIÈRE VALIGNY,

Docteur en droit, Avocat général près la Cour impériale de Paris.

Monsieur l'avocat général,

Messieurs,

Vous avez l'habitude d'entendre, au début de vos séances, de savantes et instructives lectures sur des questions de droit. Je demande la permission de vous présenter aujourd'hui un travail d'un genre tout différent : c'est une étude biographique sur un illustre avocat général du dernier siècle, Antoine Séguier. S'il fallait, pour me justifier devant vous du choix d'un pareil sujet, que je susse le traiter comme vous êtes en droit de l'exiger, j'aurais assurément tout à craindre ; mais je compte, pour faire pardonner ma hardiesse et oublier mon insuffisance, sur ce qui me l'a fait oublier à moi-même, sur l'intérêt qui s'attache naturellement à une semblable étude. L'histoire est pour tous les hommes une source de jouissances et d'enseignements ;

mais elle sait plus particulièrement nous toucher quand elle nous parle de ceux de nos ancêtres dont la vie a offert des traits de ressemblance avec la nôtre. Aussi, pour nous dont les professions diverses auront pour commun caractère de se rattacher aux institutions judiciaires de notre pays, est-ce un charme et un devoir spécial d'étudier de préférence dans le passé la vie de ceux qui les ont aimées et servies. A ce titre, celle d'Antoine Séguier nous intéresse plus qu'aucune autre. Pendant trente-cinq ans, il a rempli la charge d'avocat général auprès du parlement de Paris avec un talent et une noblesse de caractère qui ont rendu son nom justement célèbre. Il a été appelé à vivre à une époque agitée, qui fut la préface des plus grands événements que la France ait vus, où tout homme ayant de l'influence dans l'État avait de grands devoirs vis-à-vis du pays et de son avenir. Enfin, à côté de la sympathie qu'excitent ses qualités personnelles, à côté de l'intérêt que présente le siècle auquel il appartient, il y a le respect que l'on se sent forcé de rendre à un Séguier, par cela seulement qu'il est membre de cette grande famille en qui plus qu'en toute autre, suivant les expressions de M. l'avocat général Sapey, se personnifie et se perpétue l'honneur de la magistrature française, du XVIe au XIXe siècle. Il y a dans ce nom, comme dans tous les grands noms de France, un prestige auquel personne ne saurait résister et qui rend encore plus digne de nos hommages la vie de celui qui eut l'honneur de le porter.

Louis-Antoine Séguier naquit à Paris en 1726. Après avoir fait de brillantes études classiques, il entra, à l'âge de vingt-deux ans, dans la carrière judiciaire comme avocat du roi au Châtelet. Cette nomination eut lieu, dit-on, sur le désir personnel de Louis XV qui tenait à procurer au trône l'appui des talents et l'éclat du nom d'un membre de la famille Séguier. C'était chez le monarque une de ces heureuses inspirations comme il en avait encore à de rares intervalles, quand il se souvenait d'être le petit-fils du grand roi ; ce fut aussi le commencement d'une sympathique protection qu'il ne cessa depuis d'accorder à son avocat général. Le Châtelet, *ce séminaire de la haute magistrature*, suivant l'expression de Portalis, était une juridiction importante, mais Séguier était destiné à une plus haute position : il n'y resta attaché que pendant trois années. Appelé ensuite au conseil du roi, il n'y siégea également que peu de temps, et, en 1755, à l'âge de vingt-neuf ans, il était nommé avocat général au parlement de Paris.

A dater de ce jour, sa mission était aussi grande que difficile. Les fonctions du ministère public, aussi élevées et délicates qu'aujourd'hui, étaient alors, à certains points de vue, plus complexes, surtout auprès du parlement de la capitale. Qu'on se rappelle en effet toute l'étendue des attributions de ce corps illustre, unique dans l'histoire, à qui l'Europe décernait le nom glorieux de Sénat français. Dans le domaine purement judiciaire, sa mission était considérable : sa juridiction s'étendait sur la plus grande, la plus riche moitié de la France ; quelles difficultés ne présentaient pas pour le juge, et aussi pour l'avocat général chargé de conclure, les causes si nombreuses venues de toutes ces provinces, en présence de la variété des coutumes et d'une législation encore confuse !

Mais ce n'était pas là ce qui grandissait le plus la situation du parlement : c'était son rôle dans l'administration et dans la politique. N'oublions pas que c'est par ce côté, surtout au temps de Séguier, que nos corps judiciaires occupent le plus de place dans la société française. Ils font des arrêts de règlement sur les matières de police, contrôlent les actes du Souverain, censurent ceux de ses ministres ; on les voit mettre en accusation des gouverneurs, casser le testament d'un roi ; les émotions politiques qu'ils causent dans l'État sont sans nombre. L'avocat général est obligé de suivre les conseillers sur ce terrain brûlant. C'est lui qui doit être l'intermédiaire entre le prince et les magistrats, chargé de communiquer les ordres de l'un, de déposer les vœux ou d'exprimer les résistances des autres. Ainsi placé entre deux puissances rivales, il peut exercer une grande influence sur l'harmonie de leurs rapports, et sa mission se trouve délicate au plus haut degré, comme sa responsabilité considérable.

Science, travail, tact et caractère, l'avocat général est donc tenu, par ses fonctions, de posséder toutes ces éminentes qualités. Faut-il ajouter que, s'il a ce légitime amour-propre qui se confond presque avec le devoir de maintenir dans sa grandeur la profession que l'on exerce, il faut encore, à l'époque où nous sommes placés, qu'il ait un véritable talent d'orateur. Les Daguesseau, les Servan, les La Chalotais imposent en effet l'éloquence aux magistrats du ministère public. Eux au parquet, Cochin et Gerbier au barreau rendent célèbres les débats judiciaires par la noblesse et le brillant de leur parole. C'est au Palais-de-Justice que s'est refugiée l'éloquence que la chaire chrétienne, après Massillon, n'a pas su retenir; et, en attendant que les événements politiques aient ouvert les lèvres passionnées des Mirabeau et des Vergniaud, elle est la seule qui puisse captiver les admirateurs, toujours nombreux en France, des beautés du langage. Aussi, depuis cinquante ans, a-t-on l'habitude d'accourir dans la grand'salle du palais de Saint-Louis pour y entendre les gens du roi et les avocats, toutes les fois qu'une cause intéressante doit donner l'essor à leur talent; et les souverains étrangers qui visitent le royaume pour rendre hommage à l'éclat de sa civilisation, ne manquent jamais, pendant leur séjour, d'assister à une audience du parlement. Voilà après quels devanciers, devant quels adversaires ou quels émules, en présence de quels auditeurs doit se faire entendre un avocat général en 1755 : c'est une nécessité pour lui d'être orateur.

Séguier fut, dès le premier moment, à la hauteur des devoirs que lui imposait sa conscience de magistrat et des exigences auxquelles le soumettait le souci légitime de sa réputation. Portalis l'a proclamé

« *l'homme de la loi et l'orateur de la patrie,* » rappe-
lant heureusement, par l'alliance de ces mots, à la fois
son esprit juridique, sa dignité de magistrat, l'éclat de
sa parole et ses vertus de citoyen. C'est bien là, en
effet, l'éloquent résumé de ce que fut sa vie entière, et
c'est ce que nous reconnaîtrons en étudiant maintenant de plus près quelques-uns des traits de sa physio-
nomie.

Nous détacherons d'abord de sa personnalité, pour
en dire seulemeut quelques mots, son talent oratoire.
Quoique le style soit l'homme même, il est encore permis de les considérer séparément l'un de l'autre ; et en
faisant ainsi nous pourrons examiner plus librement
ensuite le caractère intime de Séguier au jour des événements auxquels il a pris part. Si nous interrogeons
les mémoires du temps, nous trouvons qu'il a joui auprès de ses contemporains d'une grande renommée
d'orateur. L'histoire a conservé une élogieuse parole du
roi de Suède Gustave III, déclarant que, dans toute
l'Europe, il n'était pas permis d'ignorer le nom d'un
magistrat aussi éloquent. Enfin, il s'était à peine écoulé
deux ans depuis sa nomination aux fonctions d'avocat
général, qu'il était appelé par les suffrages de l'Acadé-
mie française à venir rappeler dans son sein le souvenir de son ancêtre Pierre III, second fondateur, après
Richelieu, de l'illustre compagnie. Pour nous qui es-
sayons de juger son talent après un siècle écoulé, sur la
lecture de ses œuvres, nous ne pouvons, il faut le dire,
partager complétement l'admiration unanime de ses

contemporains. Sans doute un orateur ne peut guère être convenablement apprécié sans avoir été entendu ; ce qu'il a écrit et ce qu'on lit ne peut donner une idée des communications mystérieuses qu'une parole sympathique peut établir entre celui qui parle et ceux qui écoutent, et qui sont le fond même de l'éloquence. Néanmoins, il nous est permis de penser qu'il faut aussi expliquer, dans une certaine mesure, par un changement réel dans le goût public, les légères restrictions que nous mettrions aujourd'hui aux éloges du XVIIIe siècle. Il y a cent ans, malgré la mode régnante de l'enthousiasme pour la nature, on n'aimait pas encore assez sincèrement le naturel. Il y avait pour le style des formes classiques, belles d'ailleurs, mais trop uniformes, et dont chacun acceptait docilement le joug. Aujourd'hui, au contraire, nous aimons avant tout la liberté d'allures, le développement indépendant des facultés de l'écrivain ou de l'orateur. C'est un nouveau courant d'opinion qui s'est substitué à l'ancien et qui a comme lui ses avantages et ses inconvénients. Nos pères n'étaient pas exposés comme nous à subir, sous prétexte d'originalité et de naturel, des faiblesses ou des bizarreries intolérables de style. Et nous, en retour, nous pouvons jouir plus qu'eux, à certaines heures propices, du charme ou des grandeurs d'une inspiration que rien ne gêne dans ses libres mouvements. En tous cas nous voyons clairement pourquoi certains côtés du talent de Séguier, goûtés de son temps, n'ont plus au jourd'hui le don de nous plaire. Mais hâtons-nous maintenant de dire qu'il faut reconnaître dans ses discours une qualité d'un ordre plus élevé et qui est trop rare de nos jours : c'est l'habitude de s'imposer toujours un plan et de le suivre fidèlement, de savoir ordonner son sujet comme le veut non le caprice littéraire du moment, mais la succession nécessaire des idées. La fantaisie et l'imprévu font quelquefois plaisir, mais il n'y a que l'ordre et la logique qui opèrent la conviction, et il faut savoir gré à ceux qui cherchent ces qualités fondamentales, dût leur style en conserver une teinte didactique moins agréable.

Mais il est temps d'étudier Séguier à un point de vue plus important que celui de la forme, et de chercher à connaître, après l'orateur, le magistrat et l'homme public. Pendant longues années, il resta à l'écart des grandes luttes où le parlement se trouvait quotidiennement engagé avec le pouvoir. Son caractère doux et modéré lui conseillait de ne point sortir des régions tranquilles des occupations purement judiciaires, et, quand il lui aurait été si facile de jouer un rôle politique important, de se contenter d'être un magistrat plein de conscience et de dignité.

Ferme et modéré tout ensemble dans ses réquisitoires, il était surtout remarquable dans ses conclusions civiles, où il apportait toujours un résumé complet et impartial des débats, s'imposant d'écrire tout à l'avance pour ne rien omettre d'important, malgré les tentations d'improviser que lui suscitait sa facilité naturelle d'élocution. Ce qu'il faut signaler dans ses

discours, c'est le goût des recherches philosophiques
sur les origines des questions de droit. Volontiers,
à la suite de Montesquieu ou de Rousseau, n'imitant
ni l'un ni l'autre, mais subissant à son insu l'influence qui se faisait sentir au siècle tout entier, il
remonte aux commencements des sociétés, compare les
institutions des différents temps et des différents pays,
pour arriver à poser des principes juridiques sur de
grandes questions, comme celles du mariage ou des
testaments. Au lieu de recourir uniquement, comme ses
devanciers l'auraient fait un siècle auparavant, aux longues citations de droit romain, canonique ou coutu-
mier, il cherche les arguments rationnels et parvient
ainsi à dégager les bases de la science, restées souvent
enfouies et invisibles sous l'accumulation des règles
multiples des coutumes.

C'est à ces travaux uniquement judiciaires que furent
consacrées les premières années qu'il passa dans sa
charge. Mais il ne pouvait pas rester toujours étranger aux grands débats qui occupaient le parlement et
qui avaient leur écho en dehors de l'enceinte du Palais,
dans la France entière. Il y eut, en 1770, une affaire
célèbre qui le mit beaucoup en relief. Il s'agissait de ce
que nous appellerions aujourd'hui *un procès de presse*
dirigé contre les écrivains matérialistes du temps,
d'Holbach, La Mettrie et leurs disciples. C'était
Louis XV, dit-on, qui avait personnellement provo-
qué cette poursuite, analogue du reste à d'autres qui
l'avaient précédée ; mais Séguier fit sienne cette af-

faire par l'ardeur qu'il y mit et l'éloquence dont il fit preuve dans son réquisitoire. Aussi la condamnation qui suivit eut-elle un grand retentissement ; et ce fut contre l'avocat général que furent poussées toutes les clameurs du parti philosophique indigné. Ce parti qui gouvernait la France rencontrait depuis longtemps dans la magistrature de vives résistances à ses entreprises ; à partir de ce jour il devenait évident que Séguier allait les personnifier. Jusqu'à la fin de sa vie il fut en effet le représentant le plus illustre et le plus convaincu de l'esprit qui animait alors et qui distinguait du reste de la nation nos corps judiciaires, c'est-à-dire de l'esprit conservateur, avec ses qualités et ses défauts habituels.

Il n'est pas sans intérêt de remarquer ici à quel point c'était alors le caractère particulier du parlement. Toutes les autres classes de la société, nobles et roturiers, la royauté elle-même, s'abandonnaient à l'amour du changement et des nouveautés : l'esprit révolutionnaire, inconscient des résultats où il menait, fermentait déjà de tous côtés. Le parlement était seul à représenter la tendance contraire, à vouloir et à pratiquer le maintien de l'ordre établi. En toutes choses on retrouve l'opposition de ses idées et de ses mœurs avec celles qui règnent autour de lui. Ainsi, pendant que le mouvement antireligieux se propage de tous côtés, que le déisme de Voltaire et de Rousseau, le matérialisme des autres philosophes sont partout en faveur, le parlement, seul parmi les laïques, proteste hautemeut et sévit

comme il le peut contre cet abandon des traditions re ·
ligieuses de la France. Il condamne les livres au bû-
cher, leurs auteurs aux peines les plus graves, mettant
quelquefois au service de la cause qu'il défend une ardeur compromettante pour elle, mais faisant toujours
vivement éclater l'opposition de ses convictions avec
celles de son temps.

Même contraste dans les questions économiques et
sociales : la nation et le roi ne rêvent qu'innovations ;
le parlement s'oppose à toutes celles qui se produisent.
Tantôt c'est contre Law et les entraînements funestes de
l'agiotage qu'il proteste avec sagesse et courage par la
bouche de Daguesseau ; tantôt c'est contre Turgot, dont
il méconnaît les généreuses intentions, qu'il réclame
le maintien de tous les legs du passé, même avec leurs
abus.

Qui ne connaît enfin la dignité de mœurs de notre
ancienne magistrature, vivant avec austérité à l'écart
du luxe du siècle, et qui ne sait, au contraire, de quels
déréglements les hautes classes de la société donnaient
le dangereux exemple à la même époque !

Ainsi, dans un siècle qui est tout entier une réaction
générale contre les habitudes de régularité et de mesure du xviie, le parlement seul fait revivre celui-ci ;
pendant qu'autour de lui on ne voit que détracteurs du
passé et adorateurs de l'avenir, lui seul défend le premier et repousse le second. Il allait trop loin, ainsi que
ses adversaires, et préparait comme eux des malheurs
à la France, car il méconnaissait ce qu'il y avait de

légitime dans les tressaillements humanitaires et les as-
pirations libérales de son siècle, de même que ses ennemis étaient injustes vis-à-vis des temps qui avaient
précédé, et dans leur zèle de réforme ne préparaient
que l'ébranlement de toutes choses à ceux qui allaient
suivre. Mais n'est-ce pas l'éternelle histoire de l'esprit
humain que celle de ces excès en sens contraires des
convictions les plus respectables?

Ce procès des livres philosophiques, qui avait donné à
Séguier l'occasion de manifester son étroit attachement
aux sentiments de tous ses collègues, après avoir eu un
grand retentissement, cessa bientôt d'attirer l'attention.
Un important événement vint préoccuper exclusive-
ment l'opinion publique, le parlement et l'avocat général : c'est la révolution dans l'organisation judiciaire
opérée par Maupeou au milieu de l'émotion générale.
Séguier joua dans ce drame politique un rôle digne
d'être remarqué et qui exige que nous nous y arrêtions
quelques instants.

C'est à l'occasion du procès fait au duc d'Aiguillon
que le chancelier, excitant à dessein les magistrats
pour se donner des armes contre eux, mit à exécution
les projets hostiles qu'il nourrissait depuis longtemps
à leur égard. Mais il faut remonter plus haut pour
trouver la cause véritable de la mesure violente prise
par le pouvoir. C'est depuis la mort de Louis XIV qu'il
avait de nombreux griefs contre les parlements, dont
l'attitude politique de plus en plus accentuée devenait
d'année en année plus importune. Il avait essayé d'a-

bord de lutter contre eux sans recourir à des mesures extrêmes, mais c'était en vain. Les ministres d'une cour capricieuse et frivole comme celle où régnait Louis XV étaient impuissants contre une institution aussi forte : ils se brisaient contre l'énergie de caractère due à la discipline morale des magistrats, contre l'unité de but et la persistance des mêmes efforts enfantés par l'esprit de corps qui les animait, enfin et surtout contre la puissance de l'opinion publique qui les encourageait. Celle-ci avait bien grandi depuis le xviie siècle ; si elle n'était rien alors, elle commençait maintenant à être tout ; forte des richesses et des lumières de ceux qui la constituaient, appuyée sur les théories de Montesquieu, elle demandait hautement que le pouvoir fût contrôlé, et trouvant dans l'institution des parlements le germe de l'organisation qu'elle rêvait, elle les poussait à user et par-delà de toutes leurs prérogatives. Soutenus de la sorte, ceux-ci refusaient à tout instant l'enregistrement des édits royaux, rédigeaient des remontrances sévères, les faisaient imprimer et répandre dans le public, et même après les lettres de jussion et les lits de justice, protestaient encore contre les mesures du pouvoir. On les exilait, on alla même, en 1756, jusqu'à vouloir les supprimer, mais il fallait bientôt céder devant leur énergie et les réclamations publiques. Quand Maupeou arriva au ministère, ils étaient plus puissants que jamais. On avait imaginé pour eux une théorie historique qui s'efforçait de rattacher leur institution à celle des états-généraux laissés dans le silence depuis 1614, et qui n'allait à rien moins qu'à donner aux parlements français le même pouvoir qu'à ceux d'Angleterre. En même temps, et en s'abritant toujours derrière de prétendus principes organiques de la nation, puisqu'il ne voulaient à aucun prix innover, ils avaient formé entre eux une ligue puissante qui groupait les efforts de la capitale et des provinces sous une commune direction et qui effrayait vivement la royauté.

C'est cette situation exceptionnelle des corps judiciaires qu'elle se résolut à briser, en 1770, par un acte de vigueur. Des édits parurent qui condamnaient nettement toutes les prétentions parlementaires, et, après le refus inévitable d'enregistrement, un lit de justice fut tenu à Versailles, le 7 décembre, où l'on s'efforça d'humilier le plus possible les magistrats. Ce fut Séguier qui porta la parole au nom du ministère public en cette circonstance. Sa position était délicate et surtout pénible; délicate parce qu'il pouvait dépendre de son tact et de son éloquence que le conflit imminent entre la royauté et le parlement fût précipité ou écarté ; pénible parce que rien ne pouvait plus le faire souffrir qu'une lutte aussi vive entre deux adversaires auxquels son cœur était également attaché. S'il était étroitement lié aux magistrats par les traditions séculaires de sa famille et ses sentiments personnels, il n'était pas moins dévoué au roi, envers qui il professait plus que personne ce culte presque filial dont la royauté était encore l'objet au XVIIIᵉ siècle dans le cœur des sujets, suivant la remarque de Tocqueville. Son discours refléta vivement les sentiments douloureux qui l'animaient, en même temps que, grâce à une habileté consommée, il réussit à flatter l'oreille du roi sans que la dignité du parlement pût en prendre ombrage. Mais ses efforts furent vains ; des deux côtés l'irritation était trop grande pour être apaisée par un langage ému ou habile. Le roi fit enregistrer de force ses édits, et, le lendemain, le parlement protesta en interrompant le cours de la justice : Maupeou attendait ce résultat pour en tirer avantage. Dans la nuit du 19 janvier 1771, chaque conseiller est réveillé par deux mousquetaires qui lui signifient l'ordre de reprendre ses travaux et de signer son refus ou sa soumission : tous signent le refus. Le lendemain, un arrêt du conseil les déclare déchus de leurs charges, qui sont confisquées, et les condamne à l'exil; on étend cette mesure à toutes les provinces, et les parlements se trouvent ainsi partout abattus.

L'événement produisit une profonde sensation. Les philosophes y applaudirent avec transport, car c'était leur adversaire de tous les instants qui venait de tomber. Mais le reste de la nation vit avec amertume la chute de cette grande institution qui, malgré les reproches de détail auxquels elle prêtait, avait rendu de si grands services à la cause de la justice et de la liberté, et représentait encore à sa dernière heure un principe politique salutaire. C'est Voltaire lui-même qui constate, en s'en étonnant, cette impression produite sur le peuple par la destruction des parlements.

Séguier n'avait pas été exilé. Il était resté à son

poste, brûlant de partager la disgrâce de ses collègues, mais décidé à ne s'éloigner que lorsqu'il ne pourrait plus être utile à leur cause ; il voulait faire une dernière et éclatante protestation en leur honneur dans une occasion solennelle. Elle s'offrit à lui au moment de l'installation du nouveau parlement que Maupeou avait à grand'peine réussi à composer. Ce jour-là, devant le roi, la cour et les nouveaux magistrats, isolé, mais puisant la force et le courage dans le souvenir de ceux qui étaient dans l'exil, il parla avec véhémence contre l'injustice dont s'étaient rendus coupables ou complices tous ceux qui l'écoutaient, et son accent fut aussi sévère qu'il avait été suppliant quatre mois auparavant, alors que ses espérances n'étaient pas encore détruites.

Maupeou furieux demanda aussitôt la révocation de Séguier à Louis XV, qui n'y voulut pas consentir tant il était attaché à son avocat général. Mais celui-ci offrit lui-même sa démission et courut se joindre à ses collègues en province.

Il y avait trois ans qu'il était dans cette retraite, quand Louis XVI prit possession du trône de son aïeul. Son avénement vint réveiller l'espoir des magistrats exilés. On était assez habitué, sous notre ancienne monarchie, à voir les nouveaux règnes détruire l'œuvre des précédents ; d'ailleurs les premiers actes du jeune roi, le choix de ses ministres, tout annonçait une réaction contre les actes de Louis XV. On ne se trompait pas : après six mois écoulés, le roi tenait un lit de justice pour le rétablissement du parlement. Ce fut Séguier qui porta la parole. On put encore, dans cette circonstance, admirer la souplesse et l'élévation de son talent : pour lui et pour tous les magistrats, l'acte du roi n'était pas un bienfait, mais la réparation d'une injustice ; cependant le sentiment des convenances et son respect pour la royauté ne lui permettaient pas de parler sur ce ton ; il fallait qu'il exprimât sa gratitude sans mentir à sa pensée intime : il le fit avec un rare bonheur.

Les magistrats ne reprenaient possession de leurs siéges que pour être engagés bientôt dans de nouvelles luttes avec le pouvoir. Turgot, qui avait été appelé au ministère dès le début du règne, voulut aussitôt exécucuter les réformes économiques que prêchait depuis quinze ans l'école de Quesnay, que lui-même avait défendues, et même expérimentées dans son intendance du Limousin. Le parlement, fidèle à ses traditions de résistance aux nouveautés, ne pouvait être qu'hostile à ces projets et le conflit était par conséquent inévitable. Il eut lieu en 1776. Cette année-là, Turgot qui avait déjà proclamé la liberté du commerce des grains, fit signer au roi six édits célèbres destinés à transformer la France : les corvées étaient abolies et remplacées par un impôt ajouté à celui du vingtième, les corporations, jurandes et maîtrises, avec leur cortége de règlements industriels, étaient supprimées. Il y eut refus d'enregistrement et lit de justice tenu par Louis XVI le 12 mars. Séguier se chargea de porter au pied du trône les remontrances des magistrats, et, dans un long discours, il s'éleva avec force contre ceux des édits qui supprimaient les corporations, faisant pour leur défense un plaidoyer aussi complet que l'avait été contre elles le réquisitoire placé par Turgot dans le préambule des édits.

Ces deux hommes remarquables allèrent, ce semble, trop loin tous les deux en cette circonstance ; car il y avait de bons et de mauvais côtés tout ensemble dans l'organisation industrielle qui était en cause. C'était se tromper que de défendre, comme faisait Séguier, les entraves à la concurrence qui caractérisaient alors les corporations, car la nature humaine n'est pas assez sincèrement dévouée au travail et à la justice pour que celui qui a un monopole travaille jamais avec autant d'énergie et cède aussi équitablement les produits de son travail que celui pour lequel ces deux vertus sont une nécessité, en présence des rivaux dus à la concurrence. Aujourd'hui d'ailleurs les faits sont venus démontrer quelle est sa puissance pour stimuler l'activité, faire surgir les inventions et les perfectionnements, répandre enfin partout l'abondance des produits. Il faut porter le même jugement sur la liberté qui a succédé au système de réglementation partout en vigueur avant Turgot : ce n'était qu'une tyrannie stérile exercée contre celui qui produit et celui qui consomme, au nom de prétendues règles techniques, vraies à peine le jour où on les établit, et fausses le lendemain devant les progrès survenus dans l'intervalle. Le public est le meilleur juge des qualités d'une chose qui est faite pour lui, et il ne faut demander à l'État que d'assurer la répression de la fraude.

Mais si les corporations méritaient tous ces reproches, il fallait respecter en elles, d'un autre côté, le principe de l'association qui n'y était pas encore complétement étouffé. A l'origine il n'y avait en elles que ce principe, et si l'on avait pu, en 1776, le dégager de nouveau en supprimant les abus qui l'avaient obscurci, la société aurait joui des avantages économiques, moraux et politiques d'un régime dans lequel tous les hommes ayant des intérêts communs se groupent et se rapprochent librement, mettent en commun leur expérience, leurs épargnes, se fortifient mutuellement dans l'amour de leur profession, se portent secours au moment du malheur, et enfin font l'apprentissage de la vie publique en se gouvernant eux-mêmes dans leur état particulier.

Mais, au XVIIIe siècle, personne ne soupçonne ces bienfaits de l'association. Séguier se borne à faire entendre que les corporations sont utiles au point de vue de la tranquillité politique, en maintenant chacun des sujets du roi dans une case particulière où celui-ci le surveille et le tient immobile par l'intermédiaire des maîtres. Quant à Turgot et aux économistes, ils ont juré haine à tout ce qui ressemble à une association, parce qu'ils ont vu que celles qui les entourent sont les centres de la résistance au progrès, ce qu'il faut attribuer aux priviléges dont on leur a fait le funeste présent. C'est seulement de nos jours qu'on entrevoit de nouveau ce qu'il y a de fécond dans l'union des individus et la coopération de tous à un travail commun.

Les remontrances de Séguier et du parlement n'arrêtèrent pas le roi, qui n'avait pas encore perdu confiance en Turgot ; les édits furent enregistrés de force et le ministre se hâta de les mettre à exécution. Mais ce fut un triomphe de peu de durée : les privilégiés atteints par ces mesures nouvelles s'étant ligués contre lui n'eurent pas de peine, avec leur habileté de courtisans, à briser les liens de sympathie qui s'étaient formés entre un roi et un ministre également dévoués au bien public, mais dont le premier était sans volonté, et le second avait trop de droiture pour se défier ou se servir de l'intrigue. Deux mois après le lit de justice, Turgot était obligé de quitter le ministère. Ses réformes économiques furent immédiatement retirées, et l'ancien état de choses rétabli avec quelques améliorations que le parti victorieux n'était pas assez fort devant l'opinion pour retrancher de l'œuvre de celui qu'il avait vaincu.

La résistance parlementaire à laquelle nous venons d'assister ne devait pas être la dernière. En effet le règne entier de Louis XVI fut consacré à des efforts pénibles et sans succès pour apaiser une nation mécontente et avide de réformes ; on recourait sans cesse d'un expédient à l'autre, et nous savons comment les magistrats avaient l'habitude d'accueillir tous les changements en général. Séguier s'abstenait le plus possible de prendre part à ces querelles qui étaient douloureuses

pour lui. Ce fut lui, cependant, qui porta la parole au
lit de justice tenu le 8 mai 1788, quand le cardinal de
Brienne tenta de reprendre l'œuvre de Maupeou et de
couper court aux résistances des parlements, en trans-
formant leur institution. Son discours fut empreint
d'une profonde tristesse, car il ne voyait autour de lui
que d'alarmants symptômes : depuis un an les magistrats étaient en lutte avec le pouvoir à l'occasion des
résolutions de l'assemblée des notables ; quatre jours
auparavant d'Eprémesnil avait été arrêté au Palais-de-
Justice dans les circonstances les plus émouvantes ; les
passions les plus vives étaient partout soulevées. Toutes
ces images, présentes à son esprit, lui inspiraient des
pressentiments menaçants pour tout ce qu'il avait
aimé, et qui ne devaient pas tarder à se réaliser. En
effet, si, quatre mois après ce lit de justice, Necker
révoquait les édits de Brienne et rappelait le parlement,
au même moment aussi, apparaissait la convocation
des états-généraux, et commençait l'ère de la révolution.

Quand l'Assemblée Constituante eut aboli toute l'ancienne organisation judiciaire, Séguier, disant adieu
avec douleur à la noble profession qu'il avait si digne-
ment exercée pendant trente-cinq ans, vécut à l'écart à
Paris. On lui avait offert un instant d'être maire de la
capitale ; mais il avait décliné ce périlleux honneur
pour se contenter d'observer de loin avec anxiété des
événements auxquels il n'aurait voulu prendre part à
aucun prix. C'est dans cette retraite que vint le troubler

tout-à-coup un écrit anonyme répandu dans le public par ses ennemis et où l'on s'efforçait d'appeler sur lui l'attention de la malveillance. A ce moment, la crainte chez les uns, un patriotisme mal compris chez les autres, précipitait dans le torrent de l'émigration tous ceux qui avaient eu un nom sous le régime précédent. Séguier pensa faire son devoir de père de famille en se soustrayant avec elle, par une fuite à l'étranger, aux basses rancunes qui le poursuivaient : il sauvait peut-être ainsi les siens, mais quant à lui, il n'allait pas tarder à trouver la mort dans cet exil. Il se retira d'abord en Savoie, puis à Wiesbaden. Là, il eut, pour la dernière fois, l'occasion de mettre ses facultés au service de la cause à laquelle il était attaché : sur la demande des princes émigrés, il rédigea un mémoire détaillé touchant le rétablissement des parlements que ceux-ci se proposaient de rendre à la France. Cependant, le spectacle des graves événements qui se précipitaient à Paris, en l'affectant vivement, altérait sa santé déjà compromise. Il quitta Wiesbaden pour se fixer à Tournay, se rapprochant ainsi le plus possible du sol français. Mais ses forces étaient décidément épuisées, et, malgré les soins dont l'entourait son fils, celui qui fut plus tard l'illustre président de la cour d'appel de Paris, il mourut à Tournay, le 25 janvier 1792. Il est douloureux de voir s'éteindre ainsi, dans l'isolement et l'affliction, un homme qui était une des illustrations les plus pures de la France ; mais au moins quittait-il assez tôt la vie, pour ne pas connaître les sanglantes années qui allaient suivre et qui l'auraient fait si vivement souffrir. Son fils fit graver ces mots sur sa tombe : « *Il fut juge intègre, magistrat éloquent, défenseur* « *éclairé de la religion, sujet fidèle à son roi.* » Nous répéterons à notre tour ces paroles en terminant cette étude de sa vie, qui les justifie si pleinement, et nous les graverons en notre âme, pour nous rappeler toujours les grands exemples que nous y avons trouvés.

PARIS. — IMP. VICTOR GOUPY, RUE GARANCIÈRE, 5.